Andrea Herold

Vom Tegernsee nach Sterzing
Meine Erlebnisse auf der Alpenüberquerung

Andrea Herold

Vom Tegernsee

nach Sterzing

Bibliografische Information der Deutschen
Nationalbibliothek:
Die Deutsche Nationalbibliothek verzeichnet diese
Publikation in der Deutschen Nationalbibliografie;
detaillierte bibliografische Daten sind im Internet über
http://portal.dnb.de abrufbar.

ISBN 978-3-98527-783-4

www.rediroma-verlag.de
18,95 Euro (D)

Inhalt

Ein Jahr vorher

Ein gemütlicher Fernsehabend irgendwann im Jahr 2018. Es flimmert ein Bericht über die Alpenüberquerung vom Tegernsee nach Sterzing über den Bildschirm. Der „Erfinder" dieser Route über die Alpen, Georg Pawlata, nimmt die Fernsehzuschauer mit auf die siebentägige Wanderung. Interessiert folge ich dem Bericht.

Die Tour startet in Gmund am Tegernsee. Sie führt über das Mangfallgebirge weiter zum Achensee und in das Zillertal. Über das Pfitscher Joch gelangt man nach Südtirol bis zum Endpunkt der Wanderung, dem kleinen Städtchen Sterzing in Südtirol.

Die Landschaftsaufnahmen begeistern mich. Diese Alpenüberquerung macht mich neugierig.

Wie immer, wenn mich eine Tour interessiert, folgt mein nächster Schritt. Recherche im Internet und Kauf von Wanderführer und Wanderkarten.

Schon bald liegen der Kompass Wanderführer „Die Alpenüberquerung vom Tegernsee nach Sterzing" und das Büchlein „Outdoor, der Weg ist das Ziel" in meinem Briefkasten und ich beginne, mich intensiv mit dem Gedanken „soll ich oder soll ich nicht?" auseinanderzusetzen.

Einleitend lese ich: Von Deutschland über die Alpen nach Italien. Seit Johann Wolfgang von Goethe vor über 200 Jahren seine Reise nach Italien niedergeschrieben hat, vielleicht schon viel früher als Hannibal mit seinem Heer über die Alpen zog, gibt es den Mythos Alpenüberquerung. Heute gibt es mehrere Routen über die Alpen. Die bekanntesten sind die Verbindung von Oberstdorf nach Meran auf dem E5 und die Strecke von München nach Venedig. Diese beiden Routen verlaufen entlang schwieriger Bergwege und sind konditionell sehr anspruchsvoll.

Auf Etappen des sogenannten Traumpfades München-Venedig war ich 2008 unterwegs. Da der Urlaub für die gesamte Tour von München nach Venedig nicht ausreichte, bin ich damals in Lenggries gestartet und bis Belluno gewandert. Ich habe also alle Bergetappen dieser Route bewältigt. Ein Erlebnis, an das ich gern zurückdenke.

Mit dem Gedanken, den E5 zu gehen, beschäftige ich mich schon lange. Doch seit wir auf dem Heilbronner Weg im Allgäu unterwegs waren, habe ich davon Abstand genommen. An der Kemptener Hütte trafen die E5-Wandergruppen im Minutentakt ein. Das war Massenwandern und das suche ich nicht in den Bergen.

Ich lese weiter: Die Route vom Tegernsee über den Achensee und das Zillertal nach Sterzing verläuft auf leichten bis mittelschweren Wegen durch grandiose und abwechslungsreiche Landschaften. Übernachtet wird in den Ortschaften entlang der Strecke.

Ich mache mich gründlich mit den einzelnen Etappen vertraut und wäge ab.

Dafür spricht: Die herrlichen Landschaften. Dabei sind Gegenden, die ich bisher nicht kenne. Übernachtung in den Ortschaften. 2008 hatte ich Hüttenübernachtungen im Lager mit geschätzt 50 Wanderern, Schlafsack an Schlafsack. In den Moiazza-Dolomiten gab es nur einen Waschplatz im Freien. Abenteuerlich. Damals war ich 50. Inzwischen bin ich älter geworden und der Komfort, abends in einem Bett schlafen zu können, ist ein Vorteil dieser Tour. Der Abschnitt am vorletzten Wandertag über das Pfitscher Joch nach Südtirol. Diese Strecke bin ich 2008 bei Nebel, Hagel und Gewitter gegangen und schon lange habe ich den Wunsch, dort noch einmal (hoffentlich bei schönem Wetter) zu wandern und am Ende der Tour das Städtchen Sterzing kennenzulernen.

Anlass zu Bedenken gibt: Durch die Abschnitte, die man mit öffentlichen Verkehrsmitteln überbrücken muss, ist es für mich keine „richtige" Alpenüberquerung. Der Satz „Eine Woche Genuss wandern von der traditionellen bayrischen Kultur über die Tiroler Gastlichkeit zum Südtiroler Wein" klingt so wenig nach Bergabenteuer. Wird mir dieses Wandererlebnis anspruchsvoll genug sein?

Schließlich überwiegt die Neugier, Neues kennenzulernen, und ich beginne mit der Planung für das nächste Jahr.

Planung

Ich plane also die Alpenüberquerung für Ältere, wie ich die Tour scherzhaft nenne (später werde ich eines Besseren belehrt, was die Wanderer auf dieser Route betrifft). Meinen Mann, obwohl fünf Jahre älter als ich, kann ich trotzdem nicht zum Mitwandern überreden. Er zieht stattdessen in dieser Zeit eine Woche Paddeln in Mecklenburg vor. So geht Toleranz. Und vielleicht sind wir gerade deshalb schon mehr als 40 Jahre verheiratet.

Man kann die Alpenüberquerung bei Feuer-und-Eis-Touristik buchen. Dann hat man den Luxus des Gepäcktransportes und der bereits gebuchten Unterkünfte. Ich entscheide mich dafür, alles in Eigenregie zu planen. Vom 6.7. – 12.7.2019 will ich unterwegs sein. Danach wollen wir eine Woche Urlaub in Südtirol anschließen.

Die Übernachtungssuche gestaltet sich nicht ganz einfach. Besonders in Kreuth und im Pfitscher Tal muss ich lange suchen. Dort sind die Übernachtungsangebote eingeschränkt und die Reiseveranstalter haben natürlich Vorrang. Schließlich sind aber alle Unterkünfte unter Dach und Fach und die Vorfreude wächst.

Ausrüstungsmäßig ist alles vorhanden. Mein großer Rucksack, der seit 2008 vor sich hinschlummert, wird sich freuen, endlich wieder zum Einsatz zu kommen! Von der Ausrüstung her macht es keinen Unterschied, ob man eine oder mehrere Wochen unterwegs ist. In den Bergen muss man für jede Witterung gerüstet sein.

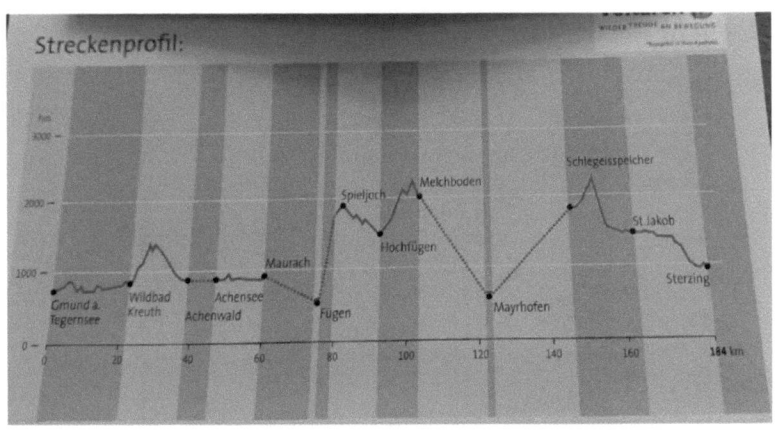

Streckenprofil:

Quelle: Kompass Wanderführer

Ein paar Wochen vor meinem Tourstart stellt mein Mann fest, dass er zu Beginn meiner Wanderung bereits aus Mecklenburg zurück ist. Er hat das Datum nicht richtig in seinen Kalender eingetragen. Das passiert, wenn man nicht richtig zuhört. Er überlegt nun, mich zum Ausgangspunkt Gmund am Tegernsee zu fahren. Dann plant er seinen Aufenthalt am Achensee, fährt weiter nach Mayrhofen im Zillertal, ins Pfitscher Tal und nach Sterzing. Wir können uns dann unterwegs immer mal sehen und ich bekomme mein eigenes Begleitfahrzeug (was sich auf der Tour noch als nützlich erweisen wird). Eine schöne Idee. Nur, ich habe Einzelzimmer gebucht und mein Mann muss jetzt eigenständig seine Übernachtung buchen. Doch auch diese Hürde wird erfolgreich gemeistert. Die Planung ist somit abgeschlossen und die Vorfreude und die Neugier auf das, was kommen wird, wächst.

Die Fragen „wie wird die Tour, wird alles funktionieren, wie wird das Wetter?" bestimmen nun meine Gedanken.

Es geht los

Quelle: Kompass Wanderführer

Der 6.7.2019 ist gekommen. Mein Tourenrucksack ist gepackt. Die Koffer für meinen Mann und den Anschlussurlaub ebenfalls. Dem Abenteuer steht nichts mehr im Wege. Wir starten am frühen Morgen Richtung Tegernsee und kommen ohne Stau gut voran. Als die Tegernseer Berge in unserem Blickfeld erscheinen, wächst die Aufregung. In Gmund machen wir Rast bei einem Bäcker mit angeschlossenem Café. Das Angebot ist reichlich und alles sieht lecker aus. Doch wie immer, wenn ich aufgeregt bin, hält sich mein Appetit in Grenzen. Nach dieser Pause haben wir in wenigen Minuten den Bahnhof in Gmund erreicht. Hier beginnt die Alpenüberquerung, die durchgängig mit einem schwarzen Ü auf gelbem Grund gekennzeichnet ist. Es heißt Abschied nehmen. Knapp 18 km Wanderung stehen heute noch auf meinem Plan. Aber morgen sehen wir uns ja bereits wieder.

Etappe 1 von Gmund nach Kreuth 17,8 km

am Bahnhof Gmund

Der Weg beginnt am Bahnhof und führt am nördlichen Seeufer entlang. Ein letztes Winken und ich bin allein am Seeufer unterwegs.
Der Tegernsee liegt etwa 50 km südlich von München. Er ist 8,9 km lang und 5,72 km breit. Seine maximale Tiefe beträgt 72,6 m.
Diese nüchternen Fakten kann man bei Wikipedia nachlesen. Vor mir liegt ein blauer See, auf dessen Wasser die Sonnenstrahlen tanzen. Vereinzelt gleiten Segelboote über das Wasser. Ein traumhaft schöner Anblick.

der Tegernsee

Ich muss kurz suchen, um den Abzweig zum Tegernseer Höhenweg zu finden. An der Weggabelung fällt mir schon von Weitem ein Mann auf, der sich suchend umschaut, so, als würde er auf jemanden warten. Als ich mich nähere, kommt er mir freudestrahlend entgegen. Er fragt mich, ob ich auch die Alpenüberquerung in Angriff nehme, und als ich bejahe, schließt er sich einfach an. Na, das kann ja heiter werden. Denn er ist überaus gesprächig und ich will eigentlich wandern und die Stille der Natur genießen. Der Tegernseer Höhenweg führt ca. 100 m über dem nördlichen Seeufer entlang. Mittlerweile brennt die Sonne vom Himmel und ich genieße den Schatten, den der Wald spendet. Die Aussicht auf den See ist atemberaubend.

Blick vom Tegernseer Höhenweg

Der Höhenweg endet nach 7 km und knapp zwei Stunden Gehzeit im Ort Tegernsee. Inzwischen kenne ich die gesamte Lebensgeschichte meiner Zufallsbekanntschaft. Wir haben beide vor, dem Tegernseer Brauhaus einen Besuch abzustatten, was laut Reiseführer ein absolutes Muss ist. Ich gebe vor, mich erst mal etwas im Ort umzusehen. Natürlich in der Hoffnung, nun allein weitergehen zu können. Als ich dann den Gastgarten des Brauhauses betrete, winkt mir der Mitwanderer bereits zu. Er hat einen Platz für mich freigehalten. Da mich meine Eltern zu einem höflichen Menschen erzogen haben, setze ich mich dazu. Ich bestelle ein Tegernseer Bier und eine Suppe. Ich zahle und verabschiede mich, in der Hoffnung, die Ruderfähre allein zu erreichen. Ein Stückchen folge ich der Straße. Dann biege ich in eine kleine Parkanlage ein und gelange auf eine Art Halbinsel. Auf der gegenüberliegenden Seite liegt Rottach-Egern. Im Hintergrund erheben sich die Berge. Ich geselle mich zu den Wartenden und sehe, dass die Fähre gerade auf der gegenüberliegenden Seite anlegt. Hier verkehrt tatsächlich eine Ruderfähre. Das ist ein besonderes Erlebnis.

Die Fähre erreicht schließlich das Ufer und ich steige ein. Dann sehe ich doch, dass es der redselige Wanderfreund tatsächlich noch schafft und in der letzten Minute einsteigt. Für 2,10 Euro genieße ich diese besondere Überfahrt. Erstaunlich schnell erreicht die durch Muskelkraft betriebene Fähre das gegenüberliegende Ufer. Der Fährmann braucht jedenfalls keine Mitgliedschaft in der Muckibude!

Mist, Mister Aufdringlich hat mich entdeckt! Beim Weg durch Rottach-Egern weicht er nicht von meiner Seite. Die Sonne brennt und der See funkelt verführerisch. Mein Badeanzug befindet sich im Rucksack. Ich setze mich kurzerhand auf eine Parkbank und erkläre ihm, dass ich jetzt erst einmal eine Runde schwimmen werde. Zu meiner Erleichterung trottet er weiter. Für heute sehe ich ihn nicht wieder. Ich genieße die Erfrischung und schwimme ausgiebig in dem wunderbar klaren und erfrischenden Wasser. Am liebsten würde ich noch länger bleiben. Aber es liegen noch ungefähr 11 Wanderkilometer vor mir und die Zeit ist inzwischen fortgeschritten. Also schlüpfe ich wieder in die Wanderkluft und nehme den weiteren Weg in Angriff. Ich durchquere den schönen Urlaubsort und muss etwas suchen, um den weiteren Weg zu finden.

auf der Ruderfähre

Das Ü ist mir kurzzeitig abhandengekommen. Aber ich bin gut vorbereitet und weiß, dass in der Nähe der Wallbergbahn der Abzweig ins Tal der Weißach erfolgt. Der Wallberg mit seinen 1722 m Höhe ist nicht zu übersehen und ich halte mich in diese Richtung. Und richtig, an der Talstation entdecke ich das Ü und schon bald befinde ich mich in einem wunderschönen Tal. Links und rechts des Flusses Weißeritz führen Wanderwege entlang, an denen Bänke und Liegen zur Pause einladen. Ich genieße die Kühle. Die letzten 4,5 km sind angenehm zu gehen und ich genieße sie. Der Wanderweg endet in Kreuth und meine heutige Unterkunft, das

17

Batznhäußl, ist schnell erreicht. Ich checke ein. Mein Zimmer im bayrischen Stil wirkt sehr gemütlich. Nachdem ich mich frisch gemacht und umgezogen habe, lasse ich meinen Tag im nahen Kurpark mit relaxen, Wassertreten und einem Telefonat mit meinem Mann ausklingen. Er hat in Pertisau am Achenseequartier bezogen und schwärmt von dem schönen See, der morgen mein Tagesziel sein wird. Das Abendessen nehme ich auf der Terrasse des Batznhäusls ein. Es gibt ein Pasta-Gericht, was vorzüglich schmeckt. Am Nachbartisch fällt mir eine Wandergruppe auf, die aus fünf Frauen besteht. Aus dem Gespräch, was fast ausschließlich von einer anscheinend sehr dominanten Person geführt wird, kann ich schließen, dass sie ebenfalls Alpenüberquerer sind. Ach, wie angenehm, allein zu wandern! Ich begebe mich auf mein Zimmer und lasse den ersten Wandertag noch mal Revue passieren, lese die Tour-Beschreibung für den morgigen Tag durch und begebe mich dann zur Ruhe. In meiner blau-weiß karierten Bettwäsche schlafe ich wie Murmeltier.

Blick vom Kurpark auf das Batznhäußl

Das Zimmer im Batznhäusl

Etappe 2 von Kreuth nach Achenkirch 17 km

Am nächsten Morgen erwache ich voller Tatendrang, der beim Blick aus dem Fenster etwas gebremst wird. Es regnet stark und ein heftiger Wind fegt durch die Landschaft. Kein schönes Wanderwetter. Es zeigt sich wieder einmal, wie schnell in den Bergen das Wetter umschlägt. Gestern ein strahlender Sommertag und heute tristes Grau und Nebel. Egal, erst einmal frühstücken.

Im Speiseraum sind schon einige Tische besetzt. Die Frauengruppe hat auch schon Platz genommen und beratschlagt gerade über den Verlauf des heutigen Tages. Aber eigentlich hat in dieser Gruppe nur eine das Sagen. Das ist mir gestern schon aufgefallen. Den zaghaften Einwand der anderen Gruppenmitglieder, entsprechend wetterfest gekleidet loszugehen, blockt sie ab. Bei Sturm im Gebirge sei es zu gefährlich, argumentiert sie. „Wir nehmen den Bus nach Achenkirch", legt sie fest. Ich sehe an den Blicken der restlichen Frauen, dass sie lieber wandern würden. Aber keine wagt, Widerspruch einzulegen. Was bin ich froh, dass ich meine eigene Entscheidung treffen kann! Und die sieht so aus: Nach einem reichlichen und abwechslungsreichen Frühstück zahle ich meine Übernachtung und werfe mich in die Regenbekleidung. Der Chef des Gasthofs wünscht mir eine schöne Tour. Wenn es gefährlich wäre, heute loszugehen, hätte er mir das bestimmt gesagt. Weil es immer noch heftig regnet, beschließe ich, bis zum Wanderparkplatz Siebenhütten den Bus zu nehmen.

An der Haltestelle steht bereits ein junges Paar. Nach ein paar freundlichen Worten ist klar, auch sie sind potenzielle Alpenüberquerer. Dann traue ich meinen Augen nicht. Aus einem Seitenweg steuert mein redseliger Begleiter von gestern auf die Bushaltestelle zu. Na super! Er begrüßt mich und nimmt dann gleich die beiden jungen Leute in Beschlag. Schließlich kennen die seine Lebensgeschichte noch nicht. Was ich befremdlich finde, er erzählt, dass er jeden Abend mit dem Bus zurückfährt und sein Auto nachholt. Sachen gibts. Vom Tour-Verlauf weiß ich, dass damit spätestens in Fügen Schluss ist. Was macht er dann? Egal, nicht mein Problem.

Der Bus kommt und nach kurzer Fahrzeit ist der Wanderparkplatz erreicht. Der Regen hat fast aufgehört. Wir folgen dem Weg zur herzoglichen Fischzucht, überqueren eine Brücke und wandern ein schönes Tal, durch das sich ein kleines Bächlein windet, aufwärts. Der Regen hat aufgehört. Über dem Bach wabern kleine Nebelwolken und am Himmel kämpft sich die Sonne durch die Wolken. Herrlich. Bald erreichen wir eine kleine Alm. „Siebenhüttenalm" lesen wir. In mir kommen Zweifel auf. In der Wegbeschreibung, die ich gestern studiert habe, wurde diese Alm nicht erwähnt. Als ich dann am Wegweiser „Blaubergalm über Wolfsschlucht" stehe, bestätigt sich mein Gefühl. Ich erinnere mich, dass diese Route als Option für erfahrene Alpinwanderer beschrieben wird mit dem ausdrücklichen Hinweis, die Schlucht nur bei guten Wetterverhältnissen zu begehen. Das teile ich meinen drei Mitwanderern mit. So richtig glauben sie mir nicht, da das Zwischenziel Blaubergalm am Wegweiser ausgewiesen ist. Sie beschließen, diesen Weg einzuschlagen. Nach dem heftigen Regen der letzten Nacht ist mir das zu heikel.

Vor der Alm ist ein Mann (der Hüttenwirt?) mit dem Trocknen der Sitzgruppen beschäftigt. Ihn frage ich nach dem richtigen Weg. Es stellt sich heraus, dass wir gleich zu Beginn den Abzweig zur Blaubergalm verpasst haben und ich das gesamte Tal zurücklaufen muss. Das kommt davon, wenn man nicht aufpasst. Notgedrungen wandere ich wieder talabwärts und habe nun nicht mehr so viele Blicke für die Landschaft übrig. Schließlich habe ich ziemlich viel Zeit verloren.

Endlich habe ich den Wegweiser, der die Richtung zur Blaubergalm anzeigt, erreicht und folge dem Weg, der schon bald in einen schmalen Pfad übergeht, welcher durch Buchenmischwald aufwärtsführt.

Der nächtliche Regen hat den Waldboden aufgeweicht und ich muss aufpassen. Nach vielen Kurven und Höhenmetern lichtet sich der Wald und ich erreiche Almgelände. Es handelt sich um das Almgelände der Gaißalm. Deren Gebäude wird sichtbar. Diese Alm ist nicht bewirtschaftet. Durch den Nebel wirkt die Gegend mystisch. Weiter geht es steil bergauf Richtung Schildenstein und Blaubergalm. Da passiert es.

Meine treuen Wanderschuhe, mit denen ich schon so viele schöne Wege gegangen bin, beenden hier an der Grenze zwischen Deutschland und Österreich ihr erfülltes Wanderschuhleben. Am linken Schuh hat sich die Sohle gelöst. Ratlos bleibe ich stehen. An Weitergehen ist in diesem bereits alpinen Gelände so nicht zu denken. Die Wanderer, die mich überholen, sind allesamt mitfühlend. Aber helfen kann keiner. Ich wühle in meinem Rucksack, in der Hoffnung irgendetwas zu finden, was zur Reparatur geeignet ist. Als ich den Beutel mit den Wechselsocken in der Hand halte, kommt mir die rettende Idee. Ich ziehe den dicken Socken von vorn über die Sohle. Die ersten Schritte zeigen: So müsste es gehen. Ich hoffe, dass ich morgen am Achensee ein Geschäft finde und neue Bergschuhe kaufen kann. Nun aber weiter.

Den Abzweig zum Schildenstein ignoriere ich. Die Aussicht ist heute fast gleich null und schließlich muss ich mit meinem Provisorium noch bis Achenkirch laufen. Der nächste Wegweiser zeigt an, dass hier der Weg von der Wolfsschlucht einmündet. Wo werden meine Mitwanderer von heute Morgen sein? Bis zur Blaubergalm sind es noch 15 Minuten und schon bald taucht die gemütliche Alm aus dem Nebel auf. Bei den rastenden Gästen ernte ich Anerkennung für meine Idee. Eine Gruppe junger sympathischer Frauen, eine junge Familie mit zwei Kindern und zwei junge Männer. Sie werde ich unterwegs immer mal wieder treffen. Sie haben die Tour gebucht und tragen nur einen leichten Tagesrucksack. Von den drei Wanderern, die den Weg über die Wolfsschlucht nehmen wollten, keine Spur. Darüber bin ich besorgt.

erster Blick zum Achensee

Die Blaubergalm

Ich mache Mittagspause und stille Hunger und Durst. Die Wolken lichten sich und ich kann einen ersten Blick auf den Achensee erhaschen. Eingebettet zwischen dem Rofangebirge und dem Karwendel liegt er da. Vorfreude auf den nächsten Wandertag kommt bereits auf. Doch es liegen noch ungefähr 9 km auf einer Forststraße vor mir, die es zu bewältigen gilt. Inzwischen sind wieder dunkle Wolken aufgezogen und ich beende die Rast. Die Straße führt entlang des Klammbachs ins Tal. Unterwegs überhole ich die Familie mit den Kindern. Ein Mädchen und einen Jungen. Ich schätze das Alter auf zwischen acht und zehn Jahren. Sie wandern fröhlich bergab. Respekt! Irgendwann werden die ersten Häuser sichtbar. Ich habe Handyempfang und kann meinen Mann über mein Wanderschuhdilemma in Kenntnis setzen. Der Regen hat wieder eingesetzt und dazu tobt ein heftiges Gewitter. Ich überquere eine Brücke und erreiche zu meiner Erleichterung die Hauptstraße. Mit Gewitter ist in den Bergen nicht zu spaßen.

Ich steuere die Bushaltestelle an und stelle zu meinem Bedauern fest, dass der Bus Richtung Achenkirch vor fünf Minuten abgefahren ist. Der nächste verkehrt erst in fast zwei Stunden. Perfektes Timing sieht anders aus. Ich beschließe loszulaufen. Der „Erste-Hilfe-Sock" ist mittlerweile durchweicht und abgeschabt. Aber immerhin habe ich es bis hierhergeschafft. 6 km bis Achenkirch liegen vor mir. Entlang der dicht befahrenen Landstraße bei Starkregen, Blitz und Donner mit kaputtem Wanderschuh. Es gibt wahrlich Schöneres!

Abstieg von der Blaubergalm

Tapfer trotte ich los. Als ich bereits die ersten Häuser von Achenkirch sehen kann, hält neben mir ein Auto. Eine freundliche Dame fragt nach meinem Ziel, bittet mich einzusteigen und bringt mich bis vor die Haustür der heutigen Unterkunft. Im Landhaus Meyer werde ich freundlich empfangen und mein Missgeschick erntet Mitleid. Ich erfahre, dass sich in Achenkirch ein Sportgeschäft befindet, und bin erleichtert. Da muss der morgige Tag eben erst mal mit Schuhkauf beginnen. Doch es kommt noch besser. Mein Mann ruft mich an. Von seiner Vermieterin hat er den Hinweis bekommen, dass in Maurach an der Talstation der Rofanseilbahn das Sportgeschäft auch sonntags bis 17 Uhr geöffnet hat. Es ist 16 Uhr und Eile geboten. Mein Mann holt mich ab und wir fahren nach Maurach. Kurz vor Ladenschluss erreichen wir das Geschäft. Ich bin skeptisch. Ein Bergschuhkauf so auf die Schnelle? Und dann mit neuen Schuhen weiterwandern? Aber es gibt keine Alternative. Und tatsächlich finde ich auf Anhieb Schuhe, die passen und in denen ich mich wohlfühle. Ich bin ein Glückskind! So endet ein aufregender Wandertag mit einem Happy End. Zum Tagesausklang gehen mein Mann und ich noch schön Abendessen. Das haben wir uns wahrlich verdient.

Bergschuhkauf

Etappe 3 von Achenkirch nach Maurach 13 km

Auf die heutige Etappe bin ich schon sehr neugierig. Im Kompass Wanderführer lese ich: Die Route führt auf einem der schönsten Wege Tirols entlang des Westufers des Achensees. Von Achenkirch wandert man immer in leichtem Auf und Ab auf einem teilweise mit Stufen und Handläufen sehr gut ausgebauten Steig zur Gaisalm, der einzigen Alm Tirols, die man nur zu Fuß oder mit dem Schiff erreicht. (Zitat)

Vor dem Gaisalmsteig habe ich gehörigen Respekt. Gestern habe ich den Weg vom gegenüberliegenden Ufer gesehen, als wir zum Schuhkauf gefahren sind. Und aus der Ferne sah der Wegeverlauf spektakulär aus. Mein Mann wird von Pertisau aus mit dem Schiff zur Gaisalm kommen. Ich bin voller Vorfreude. Denn die Beschreibung im Kompass Wanderführer verspricht: Es erwartet einen eine grandiose Landschaft mit kleinen Wasserfällen, Mischwäldern und Schwemmkegeln, die bis in den „Tiroler Fjord" hineinreichen. (Zitat)

auf dem Gaisalmsteig

Voller Vorfreude auf den heutigen Wandertag begebe ich mich zum Frühstück. Am Nebentisch sitzen eine Frau und zwei Männer, aus deren Gespräch ich entnehme, dass sie ebenfalls Alpenüberquerer sind. Wir kommen ins Gespräch und ich erfahre, dass sie wie ich in Eigenregie geplant haben. Gut gestärkt schultere ich meinen Rucksack und folge dem Wegweiser, der zum Gaisalmsteig weist. Zuerst führt der Weg moderat am Seeufer entlang, doch schon bald beginnen die abenteuerlichen Abschnitte. Die felsigen Stufen und schmalen Stellen erfordern volle Konzentration, zumal es durch den gestrigen Regen nass und rutschig ist. Aber der Reiseführer hat nicht übertrieben. Das Wasser des Achensees ist tiefblau und ich bleibe oft stehen, um zu fotografieren. Leider fehlt die Sonne. „Wie schön muss der See erst sein, wenn die Sonnenstrahlen auf dem blauen Wasser tanzen?", frage ich mich.

Blick zur Gaisalm

die Namensgeberin

Doch leider meint es der Wettergott heute nicht gut mit uns Wanderern. Leichter Nieselregen begleitet mich auf dem Weg zur Gaisalm. Nach einigen Auf und Abs kann ich die Alm bereits erblicken. Sie liegt malerisch auf einer kleinen Halbinsel. Ich quere einen Wasserfall und stehe vor einer langen, gesicherten Treppe, die am Felsen hinab zur Gaisalm führt. Vom See her nähert sich das Schiff, um an der Alm anzulegen. Fast zeitgleich treffen mein Mann und ich am Ziel ein. Besser kann man das nicht timen!

Wir begrüßen uns voller Freude und begeben uns zur Mittagspause auf die Veranda, wo ich einige Wanderer von gestern erkenne. Die netten jungen Frauen, die Familie mit Kindern und die beiden jüngeren Männer. Man stellt fest, dass ich neue Wanderschuhe trage, und will wissen, wie ich das hinbekommen habe, zumal gestern Sonntag war. Ich erzähle die Geschichte und stelle meinen Mann vor. Weiter hinten sitzt die Frauengruppe mit der strengen Anführerin. Sie schauen etwas verkniffen drein, als sie unsere Unterhaltung verfolgen. Wahrscheinlich ärgern sie sich, dass sie eine Etappe durch den Bus ersetzt haben.

Gut gestärkt, aber leider bei Regen treten wir gemeinsam den Weg nach Pertisau an. Der Weg führt an vielen kleinen Badestellen vorbei. Wie gern hätte ich einen Badestopp eingelegt, aber das Wetter spielt nicht mit. Der Mariensteig ist nicht mehr so anspruchsvoll und mündet auf die Uferpromenade von Pertisau. Mein Mann hat mir unterwegs vorgeschwärmt, wie schön der Ort sei. Aber inzwischen regnet es in Strömen und meine Begeisterung hält sich in Grenzen. Mein Mann begleitet mich bis zum Hochsteg. Vor mir liegen noch 4 km bis nach Maurach, wo ich ein Zimmer im Hotel Klingler gebucht habe. Letztes Highlight des Wandertages ist die kleine, dampfende Achenseebahn, die am Seespitz steht. Am Abend holt mich mein Mann ab und wir fahren zum Dorfwirt nach

Achensee Bahn

Pertisau, wo wir gemeinsam zu Abend essen.

Ein originelles Schild an der Wand verkündet: „Das Leben ist zu kurz für Knäckebrot". Daran haben wir uns gehalten und vorzüglich gegessen. So klingt ein schöner erlebnisreicher Wandertag in gemütlicher Atmosphäre aus. Für uns steht fest, dass wir diesen wunderschönen See und die Berge rundum unbedingt näher kennenlernen müssen.

-

Fakten zum Achensee – Quelle: Wikipedia
- Meeresspiegelhöhe: über dem 929 m
- Fläche: 6,8 qkm
- Länge: 8,4 km
- Breite: 1 km
- maximale Tiefe: 133 m

Etappe 4 von Maurach nach Fügen und über das Spieljoch nach Hochfügen 13 km

Am nächsten Morgen treffe ich zur Überraschung die drei Wanderer wieder, die schon gestern mit mir in derselben Pension übernachtet haben. Wir tauschen uns über unsere bisherigen Erlebnisse aus. Ich finde das schön. Sich immer mal treffen und schwatzen und doch allein wandern. Ich liebe es, mein Wandertempo gehen zu können und zu rasten, wo es mir gefällt. Ich fühle mich auf meiner Tour frei und unabhängig. Hinzu kommen die Dates mit dem eigenen Mann, was auch etwas Besonderes an dieser Tour ist. Die heutige Wanderetappe beginnt mit dem Bus oder der Bahn hinüber nach Fügen. Nicht für mich. Mein Mann holt mich am Hotel ab und fungiert als Transfair nach Fügen zur Talstation der Spieljochbahn. So spare ich viel Zeit und Hektik.

Große Überraschung: Als ich aus dem Auto steige, steht doch tatsächlich Mister Redselig vom ersten und zweiten Wandertag auf dem Parkplatz und überlegt, wo er am besten parken kann. Er hat tatsächlich sein Auto bis hierher nachgeholt. Schnell verabschiede ich mich von meinem Mann. Er bleibt noch am Achensee und wir treffen uns übermorgen in Mayrhofen wieder. Ich löse schnell mein Ticket für die Bergauffahrt zum Spieljoch. Ich komme mir ein bisschen wie auf der Flucht vor. Meine Eile erweist sich als unbegründet. Diesen Mitwanderer werde ich bis Sterzing nicht wiedersehen. Die Bergbahn bringt mich in wenigen Minuten hoch über die Baumgrenze aufs Spieljoch auf 1908 m.

Majestätische Aussicht auf die Bergwelt des Zillertals, das Karwendel und Rofangebirge bis hin zum Wilden Kaiser. (Zitat)

Das wurde mir im Kompass Wanderführer versprochen und ich habe mich
ganz besonders darauf gefreut, diese
Aussicht zu genießen. Stattdessen
stehe ich in dichtem Nebel und sehe
nichts. Was für eine Ungerechtigkeit
des Wettergottes. Nach kurzer Orien-
tierung finde ich das Ü und nehme
Kurs Richtung Onkeljoch. Laut Wanderführer handelt es sich um einen

Spieljoch im Nebel

traumhaften Steig, umgeben von alten Zirbenbäumen und
Almrosen. Die blühenden Almrosen sind an diesem Wandertag das Einzige, was ich zu sehen bekomme. Sie sind ein ro-
ter Farbtupfer im grauen Nebel Tag. Hier treffe ich wieder
die nette Familie mit Kindern. Die beiden sind wie immer
gut drauf. Die Mama kämpft mit der Ausgesetztheit des We-
ges, da sie nicht ganz schwindelfrei ist. In dem Fall ist der
Nebel hilfreich. Man sieht nicht, wie weit es nach unten ist.
Anscheinend befinde ich mich jetzt auf der Skipiste. Der
Weg führt unter Liftmasten entlang. Ich muss immer wieder
aufpassen, keinen Abzweig zu verpassen. Schließlich taucht
die kleine Gartlalm aus dem Nebel auf. Es ist zwar noch früh
am Tag, aber ein wärmender Kaffee kann nicht schaden. Vor
der Alm steht eine Bärenskulptur mit folgender Inschrift:
   Zum Andenken an den Bären Bruno, der in der Nacht zum
30. Mai 2006 hier war und am 26. Juni 2006 in Bayern als
„Problembär" erschossen wurde.

Farbtupfer im grauen Nebel

Denkmal für Bruno

Ich erinnere mich. Bruno war damals wochenlang in den Nachrichten. Ich frage in der Hütte nach. Die nette junge Frau sagt mir, er habe damals Honig gemopst und sei dann weitergezogen. Wie ein Problembär habe er sich keinesfalls verhalten. Armer Bruno! Aber wenigstens hat er in dieser schönen Gegend ein Denkmal bekommen. Wer kann das schon von sich behaupten? Inzwischen finden sich bekannte Gesichter auf der Alm ein. Die Kinder der Familie sind wie immer gut drauf und fordern Kakao ein. Die beiden jungen Männer foppen mich wieder einmal. „Wegen dir bekommen wir noch Depressionen", werfen sie mir scherzhaft an den Kopf. „Du ziehst immer so leichtfüßig an uns vorbei und wir schauen nur hinterher." Alle stimmen in das Gelächter ein.

Nacheinander brechen wir auf zur Weiterwanderung. Bald schon befinde ich mich wieder allein, nur umgeben von Nebel, Almrosen und unendlicher Stille. Der Weg führt fast eben weiter zum Loassattel. Ich nehme den Abstecher zum Alpengasthof Loas auf mich, da dieser im Wanderführer angepriesen wird wegen seiner extra großen Schnitzel. Die letzten Meter gehe ich mit einer Frau, die wie ich allein unterwegs ist. Eine nette Unterhaltung ergibt sich und wir nehmen gemeinsam an einem Tisch Platz. Die Schnitzel sind riesig. Deshalb entscheide ich mich für eine Suppe. Gemeinsam teilen wir uns ein großes Bier. So geht Wanderkameradschaft! Nach dem Essen trennen sich unsere Wege wieder. Sie will genau wie ich in ihrem eigenen Tempo unterwegs sein. Die restlichen 5 km sind einfach zu gehen. Zuerst noch ziemlich gerade hin und am Ende erfolgt der Abstieg nach Hochfügen. Ich bin im Zillertal angekommen! Hochfügen ist ein Ort für Wintersportler. Überall Abfahrtshänge, Liftanlagen und Hotels. Das sieht im Sommer nicht sehr schön aus. Ich habe heute im Berghotel Hochfügen gebucht und freue mich schon auf einen besonderen Luxus. Das Hotel verfügt über ein Hallenbad und Sauna. Da ich am frühen Nachmittag angekommen bin, kann ich das ausführlich genießen. Später kann ich durch das Panoramafenster beobachten, wie die ankommenden Wanderer den Hang abwärts kommen. Als die beiden jungen Männer im Bad auftauchen, ernte ich den Kommentar: „War ja klar, dass du schon da bist."

Mit einem leckeren Abendessen beschließe ich wieder einen schönen Tag, wenngleich ich heute keine Aussicht genießen konnte.

Berghotel Hochfügen

mein Zimmer für heute

Beim Abendessen sehe ich wieder viele bekannte Gesichter, die ebenfalls hier übernachten. Noch ein kleiner Plausch über das bisher Erlebte und dann macht sich Müdigkeit breit. Wenn man den ganzen Tag wandert, bestimmt der Körper abends, wenn es Zeit ist, schlafen zu gehen. Heute habe ich ein besonders schönes Zimmer. Viel Holz, alpenländisches Design und doch irgendwie modern. Eigentlich kann ich mich nicht sattsehen, aber trotzdem fallen mir bald die Augen zu und ich schlafe tief und fest dem nächsten Wandertag entgegen.

Etappe 5 Hochfügen – Melchboden – Mayrhofen 11 km

Zillertaler Almdorf

Idylle pur

Nach einem guten Frühstück starte ich in den heutigen Wandertag. Der Nebel hat sich verzogen und ein Blick zum Himmel verspricht einen schönen Tag. Ich wandere aus dem Hoteldorf auf einem breiten Wanderweg leicht ansteigend hinaus. Beim Blick zurück versuche ich, mir diesen Ort im Winter vorzustellen. Ich glaube, die Wirkung ist anders, wenn die geschundenen Berghänge vom winterlichen Weiß eingehüllt sind. Im Sommer wirkt der Anblick eher unwirtlich. Nach einigen Kurven und Höhenmetern befinde ich mich in einer anderen Welt. Kleine Holzhäuschen und Hütten schmiegen sich an den Wiesenhang. Ein typisches Zillertaler Almdorf. Wie friedlich und idyllisch. Welch ein Kontrast zu den Hotelburgen und Seilbahnen von Hochfügen. Ich erinnere mich an meine Alpenüberquerung von 2008, wo ich am Hintertuxer Gletscher ähnlich empfunden habe. Nicht immer ist es schön, wie der Mensch mit den Bergen umspringt. Kommerz statt Naturerlebnis. Für mich ist das nichts. Da wirkt dieser Anblick ungemein beruhigend. Nebenher plätschert ein kleiner Bergbach. Das tut der Seele so gut.

Plötzlich stehe ich vor einem Sperrschild. Der eigentliche mit Ü ausgewiesene Weg ist aufgrund von Wegebau gesperrt. Der kleine Bergbach plätschert eben nicht immer so friedlich dahin. Wie ich sehe, hat er am Weg ziemlichen Schaden angerichtet. Und so muss ich hier inmitten der Berge eine Umleitung nehmen. Der alternative Weg ist aber gut markiert und führt in vielen Kehren stetig bergauf vorbei an Almen, die teilweise auch bewirtschaftet sind. Wenn ich mich umschaue, kann ich die vielen Alpenüberquerer sehen, die sich ebenfalls hier hochkämpfen. Nach anstrengendem Anstieg ist die Rastkogelhütte zu sehen, die ich gerade pünktlich zur Mittagszeit erreiche. Die Hütte liegt in 2124 m Höhe inmitten der Tuxer Voralpen. Eine Lore erinnert an die

Bergbaugeschichte. Ich erfahre, dass es sich hier um den höchstgelegenen Bergbau- und Hüttenbetrieb Europas gehandelt hat. Noch interessanter ist für mich die Geschichte der Hütte. Auf der Homepage der Hütte lese ich folgendes: 1930 von den Sektionen Werdau und Sachsen-Altenburg erbaut. Ich wohne in Langenbernsdorf in Sachsen und arbeite in der Stadtverwaltung Werdau.

Heute gibt es in Werdau leider keine Sektion des Alpenvereins mehr. Wir haben unsere Alpenvereinsheimat in der Sektion Zwickau gefunden. Ich genieße die Sicht auf den Zillertaler Hauptkamm, der sich in der Ferne erhebt. Nebenan nehmen die bayrischen Spezies Platz, natürlich nicht, ohne eine witzige Bemerkung in meine Richtung zu schicken.

Der weitere Weg führt zum Melchboden. Mit dem Mitter-
wandskopf auf 2280 m Höhe wartet der höchste Punkt der
Alpenüberquerung auf mich. Aber leider wartet er vergeb-
lich. Was ist passiert? Ich bin auf dem schönen Weg zwischen Latschenkiefern und Almrosen dahingewandert, den
Blick auf die Bergkette mit ihren weißen Spitzen gerichtet,
und habe schlicht und ergreifend den Abzweig nach oben
übersehen. Also Augen auf beim Wandern! Ich ärgere mich
heute noch, wenn ich daran zurückdenke. Gut 1,5 Stunden
benötige ich von der Rastkogelhütte bis zur Jausenstation
Melchboden, die auf 2020 m Höhe am höchsten Punkt der
Zillertaler Höhenstraße liegt. Der Panoramablick ist einma-
lig schön. Ich kann die Zillertaler Alpen mit ihren überzuc-
kerten Gipfeln erkennen. Hoher Löffler, lese ich. Kenn ich.
Auf seiner Rückseite liegt Südtirol. Hochfeiler. Der höchste
Berg der Zillertaler Alpen liegt in Nähe des Pfitscher Jochs.
Da geht es morgen drüber. Weiterhin kann man die Kitzbü-
heler und die Tuxer Alpen sehen. Herrliche Bergwelt!

Nun gilt meine Aufmerksamkeit erst einmal dem Fahrplan. Von hier aus geht es per Bus nach Hippach und von da mit der Zillertal-Bahn nach Mayrhofen weiter. Doch der nächste Bus verkehrt erst in drei Stunden. Lust auf der Mautstraße abwärtszulaufen, verspüre ich nicht. So begebe ich mich in die gemütliche Stube, bestelle mir einen Cappuccino und frage die freundliche Bedienung nach dem Shuttle-Taxi, von dem ich bei meiner Recherche gelesen habe. Sie greift zum Telefon und verkündet, in einer halben Stunde werde ich abgeholt. Gleichzeitig rät sie mir, nach Mitfahrern Ausschau zu halten, damit es billiger wird. Einen Mitfahrer kann ich gewinnen und als das Taxi pünktlich vorfährt, steigen wir ein. Nach einigen Serpentinen winken zwei Wanderer und fragen, ob sie einsteigen können. Das Ehepaar mittleren Alters habe ich auch schon mehrmals unterwegs gesehen. Was für eine glückliche Fügung zugunsten meines Reisebudgets!

Nun gehen die Fahrtkosten durch vier. Am Bahnhof Hippach steigen wir aus und müssen auch gar nicht lang auf die Weiterfahrt mit der Zillertal-Bahn warten. Ich rufe meinen Mann an und erfahre, dass er schon in unserer heutigen gemeinsamen Unterkunft eingecheckt hat und sich zum Bahnhof begibt, um mich abzuholen. Unsere zugegeben etwas außergewöhnliche Reiseorganisation funktioniert gut. Am Bahnhof Mayrhofen angekommen nimmt mich mein Mann in Empfang. Ich bewundere die Dampflok, bevor wir erst mal die Unterkunft aufsuchen. Das Haus liegt etwas abseits vom Zentrum in ruhiger Lage inmitten eines großen Gartens, in dem es prächtig blüht. Nach einer kurzen Erfrischung kann ich mir für das Erkunden dieses noblen Urlaubsortes schicke Sachen aus dem Koffer holen. Ein Vorteil meines Begleitservices.

Mayrhofen im Zillertal (Wikipedia)
Mayrhofen liegt im hinteren Zillertal östlich des Ziller bzw. des Zemmbachs. Der Ort liegt 633 m hoch und hat 3910 Einwohner. Der Winter-, Sommer- und Kongresstourismus sorgt für etwa 1,3 Millionen Übernachtungen jährlich und macht Mayrhofen zum zweitstärksten Tourismusort in Tirol.

die heutige Unterkunft

Diesen Ort wollen wir uns jetzt ansehen und später eine Gaststätte für das Abendessen suchen. In Mayrhofen pulsiert das Leben. Läden, Cafés, Hotels, Gaststätten reihen sich aneinander. Nach Wandern im ruhigen Gebirge habe ich immer Probleme, damit umzugehen, und empfinde alles als zu laut. Wir genießen in einer kleinen Parkanlage die letzten Sonnenstrahlen. Als sich der Hunger meldet, halten wir Ausschau nach einem schönen Lokal. Das finden wir schnell und nehmen Platz. Mir fallen die Fotos an den Wänden auf. Sie zeigen den bekannten Alpinisten Peter Habeler, der in Mayrhofen geboren wurde. 1978 hat er zusammen mit Reinhold

Meßner erstmals ohne Sauerstoff den Mount Everest bestiegen. Auch mit dem Südtiroler Hans Kammerlander war er oft unterwegs. Später frage ich den freundlichen Kellner danach und er erzählt uns einiges über den bekannten Sohn Mayrhofens. Unser Interesse scheint ihm zu gefallen und so stehen am Ende bei uns sechs leere Gläser auf dem Tisch. Deren Inhalt, Zirbenschnaps, geht aufs Haus. Schließlich machen wir uns heiter und beschwingt auf den Weg in unsere Pension. Schön, mal wieder nebeneinander einzuschlafen und das vertraute Schnarchen zu hören.

6. Tag Mayrhofen – Schlegeis – Pfitscher Joch – St. Jakob 13 km

Heute erwache ich besonders aufgeregt. Die Etappe vom Schlegeisspeicher über das Pfitscher Joch nach Südtirol steht bevor. Auf diese Etappe freue ich mich besonders. 2008, bei denkbar schlechtem Wetter mit Hagel, Gewitter und Schnee (im August), konnte ich landschaftlich kaum etwas sehen. Diese Etappe war einer der Gründe, dass ich diese Alpenüberquerung in Angriff genommen

Zufluss in den Stausee

habe. Mein größter Wunsch ist, dass diesmal das Wetter passt. Ein Blick aus dem Fenster lässt diesbezüglich Optimismus aufkommen. Die Wanderung startet am Schlegeisspeicher. Um dahin zu gelangen, steht für die Alpenüberquerer eine einstündige Busfahrt an. Ich kann mit meinem Mann entspannt frühstücken, bevor er mich mit dem Auto zum Ausgangspunkt auf 1800 m Höhe bringt. Heute bin ich echt im Vorteil! Die Fahrt über die 13 km lange Schlegeis-Alpenstraße (Mautstraße) ans Ende des Zillertales ist beeindruckend. Und dann sind wir da. Der Schlegeisspeicher liegt da, umgeben von den 3000ern der Zillertaler Berge. Blaues Wasser, weiße Bergspitzen.

Am Schlegeisspeicher

Wunderschön, wenngleich auch die Sonne fehlt.

In nur drei Jahren Bauzeit wurde die gewaltige Staumauer im Hochgebirge erbaut. Fast eine Million Kubikmeter Beton wurden verbaut.

22000 Eisenbahnwagen voll Zement wurden mit der Zillertalbahn nach Mayrhofen geliefert und dann mit Lkws auf der schmalen Bergstraße nach oben gebracht. So entstand die riesige Staumauer. Sie ist 131 m hoch und die Krone 725 m lang und 9 m breit. Unten ist sie 34 m dick.

Für Interessierte gibt es Führungen ins Innere der Staumauer. An der Staumauer außen ist ein Klettersteig angelegt.

Zufluss eines Bergbaches in den Stausee

Beeindruckend. Diese Informationen erhält man an den zahl-reichen Informationstafeln, die am See stehen oder auf der Homepage www.schlegeis-speicher.com.

Für mich sind solche Bauwerke immer beeindruckend, weil hier umweltfreundliche Energie gewonnen wird und sie sich perfekt in die Landschaft einfügen.

Es ist Zeit zum Abschied. Mein Mann hat heute noch einige Fahrtkilometer vor sich, um ins Pfitscher Tal zu gelangen.

im Zamser Grund

am Zamsgatterl

Vor mir liegen lediglich 13 Wanderkilometer. Ich laufe am rechten Seeufer in südliche Richtung und erreiche schon bald das Zamsgatterl. Hier beginnt der Weg durch den Zamser Grund. Erinnerungen von 2008 steigen auf, als wäre es gestern gewesen. Damals habe ich hier zum letzten Mal zwei besonders nette Mitwanderer getroffen, Franzi und Andi, ein junges Paar aus München. Heute habe ich mehr Glück mit dem Wetter. So gehe ich jeden Schritt durch diesen wunderschönen Grund mit Genuss und schaue mich um. Der Zamser Bach plätschert munter von Stein zu Stein talwärts, um sein Wasser in den Schlegeisspeicher zu bringen. Auf den Wiesen, die von hohen Gipfeln flankiert werden, blühen Almrosen. Stetig gewinnt man Höhe und schon bald ist die Lavitzalm auf 2083 m Höhe erreicht. Die Alm lädt zur Einkehr ein. Doch ich bewältige die letzten Höhenmeter und erreiche das Pfitscher Joch auf 2245 m Höhe. Die Grenze zu Italien ist erreicht. Heute kann ich die Grenzüberschreitung zelebrieren und das besondere Gefühl genießen. 2008 trieben mich Blitz und Donner ins schützende Pfitscherjoch-Haus. Heute fotografiere ich und genieße das Gefühl, von Deutschland über Österreich in Italien angekommen zu sein. Die restlichen Höhenmeter zum Pfitscherjoch-Haus sind schnell überwunden und ich betrete die geräumige Gaststube nach 2008 zum zweiten Mal. Der Text vom Bier zum Wein aus dem Reiseführer kommt mir in den Sinn und ich bestelle mir zur Feier des Tages stilvoll ein Glas Rotwein zum Essen. Die zwei lustigen Bayern treten ein und wieder machen sie ein Späßchen mit mir. Sie sind neugierig. Mal sehen sie mich mit Mann und beim Wandern allein. Ich kläre sie über unsere Reisevariante auf. Und was ist ihre Reaktion? „Wir verstehen deinen Mann vollkommen. Mit dir würden wir auch nicht wandern wollen." Damit zielen sie auf meine Wandergeschwindigkeit ab. Aber Spaß muss sein!

Grenzstein

Pfitscherjoch-Haus

Mit ihrem Bier prosten sie mir augenzwingernd zu. Die erste Mahlzeit in Südtirol genieße ich als etwas Besonderes, bevor ich zum Talabstieg aufbreche.

Am Pfitscherjoch-Haus ist der höchste Punkt des Tages mit 2275 m Höhe erreicht. Auf dem Pfad mit Nummer 3 beginnt der Abstieg hinab ins Pfitscher Tal. Man quert mehrmals die Fahrstraße, die zum Pfitscher Joch hinaufführt. 2008 bin ich wegen des dichten Nebels auf dieser abgestiegen. Heute benutze ich den Wanderweg. Bald ist die Baumgrenze erreicht. Heute schwelge ich in Erinnerungen und erinnere mich an folgende Anekdote:

Ich hatte die Alpenüberquerung allein begonnen und mein Mann stieß dann in Südtirol zu mir, um die restlichen Etappen mit mir gemeinsam zu wandern. Wegen des Wetters holte er mich eben an dieser Pfitscher Joch-Straße ab. Ich war bereits zehn Tage gewandert und kam an diesem Tag aus

dem Schneesturm, der am Pfitscher Joch tobte. Sein erster
Satz zu mir war: „Wie siehst du denn um die Haare aus?"

Abstieg vom Pfitscher Joch

Ich glaube, darüber lachen wir
noch, wenn wir es einmal den
Urenkeln erzählen werden.

Heute kann ich die milde
Südtiroler Luft genießen. Inzwischen wandere ich durch
bunte Bergwiesen und es wird
immer wärmer. Bergbauern
sind auf den Feldern beschäftigt. Alle grüßen freundlich.
Ich habe das Pfitscher Tal erreicht. Ich passiere die erste
Ortschaft Stein, bevor ich
dann das Tagesziel St. Jakob

erreiche. In dem kleinen Dörfchen habe ich schnell meine
heutige Unterkunft,
den Gasthof Neu-
wirt erreicht. Ich
melde mich an, be-
ziehe ein schönes
Zimmer im bäuerli-
chen Stil und mache
mich frisch, bevor
ich zu meiner
Ortserkundungstour

aufbreche. Das Pfitscher Tal und seine Orte sind ursprüng-
lich und verträumt. Abseits vom Massentourismus kann man
hier noch Ruhe genießen. Bald habe ich das Dörfchen erkun-
det und beschließe, im Café des Hotels gegenüber meiner
Unterkunft einen Cappuccino zu trinken. Zu meiner Freude

treffe ich den Papa und die zwei großartigen Wanderkinder, die gerade Eis schlecken. Sie sind putzmunter und erzählen mir, dass ihre Mama total k.o. ist und sich ausruhen muss. Ja, so viel zur Tour für Ältere. Die Mama der beiden ist noch jung.

Mein Mann trifft dann zum Abendessen, das ich im Gasthof Neuwirt bestellt habe, ein. Er hat Quartier etwas außerhalb auf einem Bauernhof bezogen. Zu meinem Erstaunen sitzt am Nachbartisch die Frauengruppe mit der energischen Anführerin. Sie wertet gerade laut aus, wie anstrengend die heutige Etappe war. Ich fand den Tag nicht anstrengend, sondern wunderschön. Abends vor dem Einschlafen denke ich über meine Erlebnisse nach und kann es nicht fassen, dass morgen schon Sterzing das Ziel sein wird.

das Pfitscher Tal

7. Wandertag von St. Jakob nach Sterzing 20,5 km

der Pfitscher Bach

Kematen

Die letzte Etappe ist mit 20,5 km noch einmal lang. Aber die Streckenführung ist heute wenig anspruchsvoll. Vom Start in 1449 m Höhe führt die Route durch sanfte Landschaft hinunter nach Sterzing, auf 947 m Höhe gelegen. Ich bin neugierig auf die Stadt. Bisher sind wir nur auf der Brennerautobahn vorbeigefahren und ich kenne nur die Seilbahn zum Rosskopf, die über die Autobahn schwebt, und den Joghurt, der aus dem Milchhof Sterzing kommt. Das soll sich heute ändern. Deshalb starte ich gleich nach dem Frühstück. Noch bin ich allein unterwegs. Südtirol scheint noch zu schlafen. Der Weg wechselt zwischen kurzen Abschnitten auf der Straße, Wald- und Wiesenwegen. Nach 5 km ist der kleine Ort Kematen erreicht. Nun wird es auf dem weiteren Wanderweg belebter, was daran liegt, dass viele Wanderer hier übernachtet haben.

Noch einmal kann ich den Blick zurück genießen und die Gipfel am Pfitscher Joch bestaunen. Der weitere Weg bietet viel Abwechslung. Ein Handelsplatz für Pfitscher Gneis liegt am Rande. Später erreiche ich die Steinbrüche des Pfitscher Gneises. Während ich das Betriebsgelände quere, erinnere ich mich daran, was ich im Reiseführer gelesen habe. Nämlich, dass 600 m unter dieser Stelle am Brennerbasistunnel gebaut wird. Was für eine Vorstellung.

Beim Brennerbasistunnel handelt es sich um ein zukunftsweisendes Bauprojekt, das die europäische Nord-Süd-Strecke zwischen Berlin und Palermo verbessern soll. Es entsteht mit 64 km Länge die weltweit längste unterirdische Eisenbahnverbindung.

Nun wandere ich wieder am still dahinfließenden Bach entlang. Richtung Tulfer muss ich wieder ein Stück Landstraße unter die Füße nehmen. Am Wiesenrand steht eine kleine Kapelle. Bilderbuchidylle! Ich wechsle die Talseite und erreiche saftig grüne Wiesen. Heute treffe ich unterwegs fast alle Wanderer, deren Bekanntschaft ich in dieser Woche gemacht habe.

Allen ist der Stolz anzumerken, es bis hierher geschafft zu haben. Viele haben mit dieser Tour Wanderneuland betreten, wie ich in Gesprächen erfahren habe. Wiesen ist erreicht, ein größerer Ort, und ich muss mich kurz orientieren. Dabei treffe ich die Dreiergruppe, die in Achenkirch und Maurach dieselbe Unterkunft wie ich hatte. Sie freuen sich, mich zu sehen, und wissen bereits über den weiteren Wegeverlauf Bescheid. Der Weg führt rechts am Schloss vorbei und wir gehen ein Stück gemeinsam. Wir erreichen Flains und die Drei wollen im Gasthof Sonnenheim rasten. Ich verabschiede mich und laufe weiter. Vor mir liegt Sterzing! Ein herrlicher Blick auf die Stadt. Endgültig weichen die Ruhe und Gelassenheit der Berge den Geräuschen und der Betriebsamkeit der Stadt. Gefühlt laufen nun meine Beine schneller, ganz so, als könnten sie es nicht erwarten, das Ziel zu erreichen. Den Wanderern vor und hinter mir scheint es ähnlich zu gehen.

Ich erreiche Bahngleise, die ich queren muss, und folge nun den Schildern Richtung Zentrum, was ich bald erreicht habe. Ich befinde mich in der Altstadt von Sterzing. Die Alpenüberquerung ist hier am Stadtplatz beendet. Nach einer Stärkung begebe ich mich zuerst in die Tourismusinformation. Hier erhält man bei Vorzeigen der Wanderstempel eine Urkunde. Ich bin nicht die Einzige, die sich diese Urkunde abholt. Aber ich bin die Einzige, die die Frage „mit Feuer- und Eis-Touristik" mit nein beantworte. Stolz sage ich „allein und selbst organisiert", was mir ein dickes Lob der freundlichen Dame hinter dem Tresen einbringt. Ich entdecke Alpenüberquerershirts im Angebot. Obwohl sich in meinem Schrank unzählige Finishershirts diverser Marathon- und Halbmarathon-Veranstaltungen befinden, kann ich nicht widerstehen und erwerbe das blaue Shirt in Größe S.

In Sterzing angekommen

So langsam wird es Zeit, die Pension, in der ich heute übernachten werde, aufzusuchen. Eine freundliche Frau weist mir
den Weg. Ich muss noch mal eine halbe Stunde laufen, bis
ich angekommen bin. Anmelden, Zimmer beziehen, frisch
machen und stadtfertig umziehen. Dann ist auch schon mein
Mann da, mit dem ich gemeinsam Sterzing erkunden
möchte. Im Outdoor-Reiseführer habe ich gelesen:

Die Stadt wurde an der alten Handelsstraße Vipitenum er-
richtet. Am Übergang zu den Alpen diente sie wichtigen Un-
ternehmen als Handelssitz. Zu ihnen gehörte die Augsburger
Handelsfamilie Fugger. So erhielt Sterzing den Beinamen
Fuggerstadt.

So kann man sich also den italienischen Namen Vipiteno erklären. Und dass Sterzing Fuggerstadt ist, wusste ich bisher auch nicht. Wieder was gelernt! Wandern bildet!

Weiterhin lese ich: Die kleine Stadt besticht heute mit einer wunderschönen Altstadtstraße, auf der es tagsüber geschäftig zugeht. Markant ist der Zwölferturm, in dessen Norden sich die mittelalterliche Altstadt und in dessen Süden sich die Neustadt aus dem 15. Jahrhundert befinden. Geprägt werden sie von einer zentralen Straße, an der sich ein schönes historisches Haus ans andere reiht und die als Fußgängerzone zum Flanieren einlädt.

Genau das wollen wir jetzt sehen und erleben! Die Stadt versprüht einen liebenswerten Charme. Die Fachwerkhäuser mit ihren Erkern, Nischen und Blumenschmuck sehen einfach bezaubernd aus. Man kann sich nicht sattsehen. Deshalb nehmen wir in einem Straßencafé Platz und genießen entspannt diese schöne Atmosphäre. Aus allen Richtungen sehe ich die bekannten Gesichter dieser Wanderwoche. Viele bleiben stehen, um sich von mir zu verabschieden. Die ebenfalls solowandernde Frau vom Alpengasthof Loas bitte ich, an unserem Tisch Platz zu nehmen. Sie freut sich, da die anderen Wanderer mit Familie, Freunden oder in Gruppen unterwegs sind. Am Nachbartisch erkenne ich die jungen Leute vom zweiten Wandertag wieder. Sie erzählen mir, dass sie zuerst versucht haben, über die Wolfsschlucht zu gehen. Dann sind sie ebenfalls umgekehrt. Nur von meinem redseligen Begleiter des ersten Tages ist weit und breit keine Spur. Ob er es bis Sterzing geschafft hat? Das wird wohl sein Geheimnis bleiben. Die Wanderer, die über Feuer- und Eis-Touristik gebucht haben, versammeln sich vor der Stadtinformation. Sie haben noch eine geführte Stadtführung vor sich. Zum Abschied winken wir uns noch einmal zu. Als ich mit meinem Mann weiter durch die schöne Altstadt schlendere, treffen wir zum krönenden Abschluss noch die bayrischen Spaßvögel. Natürlich müssen sie noch einen flapsigen Spruch machen. Sie klopfen meinem Mann auf die Schulter und sagen zu ihm: „Wir verstehen dich, dass du mit der Frau nicht wandern willst." Keinen Respekt vorm Alter, diese Jugend, denke ich mit einem Augenzwinkern. Dann verabschiede ich mich auch von ihnen.

Die schöne Altstadt von Sterzing

Wir haben den historischen Stadtkern ausgiebig bewundert. Der Zwölferturm, das historische Rathaus, die Heilig-Geist-Kirche, allesamt beeindruckende Bauwerke und Zeugen einer historischen Vergangenheit. Doch auch ein Stadtrundgang macht irgendwann hungrig, sodass wir zum Ausklang des Tages noch ein schönes Abendessen genießen. Ein letztes Mal trennen sich abends unsere Wege. Ich liege noch wach und mich überkommt wieder dieses Gefühl, was ich nur allzu gut kenne. Ich bin glücklich, stolz, zufrieden und dankbar, mein Ziel erreicht zu haben, und gleichzeitig wehmütig, dass es vorbei ist. Vor dem Einschlafen ziehe ich in Gedanken ein Resümee.

Resümee und Tipps für Interessierte

Hinter mir liegen
- Sieben Wanderetappen
- 108 Wanderkilometer
- 3350 Höhenmeter bergauf
- 3850 Höhenmeter bergab
- Kennenlernen abwechslungsreicher Landschaften
- Überschreitung zweier Landesgrenzen
- Vielfältige Begegnungen mit Mitwanderern

Die Tour hat mir Spaß gemacht. Nur die Abschnitte, die mit Verkehrsmitteln zurückgelegt wurden, stören den Gesamteindruck. Das ist meine persönliche Meinung.

Die Wanderung eignet sich gut für Wanderer, die sich einmal auf einer Fernwanderung erproben wollen. Eine gute Grundkondition ist ausreichend. Technisch schwierige Passagen gibt es nicht, wobei das individuelle Empfinden auch eine Rolle spielt. Selbst Familien mit wanderfreudigen Kindern kann die Tour empfohlen werden. Wer sich den Gaisalmsteig nicht traut, kann alternativ bis zur Gaisalm oder bis Pertisau das Schiff nehmen. Am Wege liegen genug Einkehrmöglichkeiten, sodass man den Rucksack nicht mit zu viel Verpflegung belasten muss. Zudem besteht in den Ortschaften, die man tangiert, die Möglichkeit, seine Vorräte zu ergänzen. Man kann die Tour selbst planen. Für unerfahrene Wanderer ist es zu empfehlen, beim Reiseveranstalter zu buchen.

Ich hatte zu Beginn meiner Überlegungen „Alpenüberquerung für Ältere" gewitzelt. Meine Erfahrung hat mich eines Besseren belehrt. Es wandern viele junge Leute, Familien mit Kindern, Paare, Gruppen, Freunde. Ich war in der Woche gefühlt die Älteste, die unterwegs war.

Vielleicht haben sich einige Leser an ihre eigene Alpenüberquerung erinnert oder der eine oder andere ist jetzt neugierig geworden und überlegt, selbst loszulaufen?

Foto mit Symbolik: die Berge, ein Herzensort